Impressum
Verlag: BABADADA GmbH, Nedderfeld 112 , 22529 Hamburg
Geschäftsführer / Verlagsleitung: Harald Hof
Druck: Books on Demand GmbH, In de Tarpen 42, 22848 Norderstedt

Imprint
Publisher: BABADADA GmbH, Nedderfeld 112 , 22529 Hamburg, Germany
Managing Director / Publishing direction: Harald Hof
Print: Books on Demand GmbH, In de Tarpen 42, 22848 Norderstedt

학교

koulu

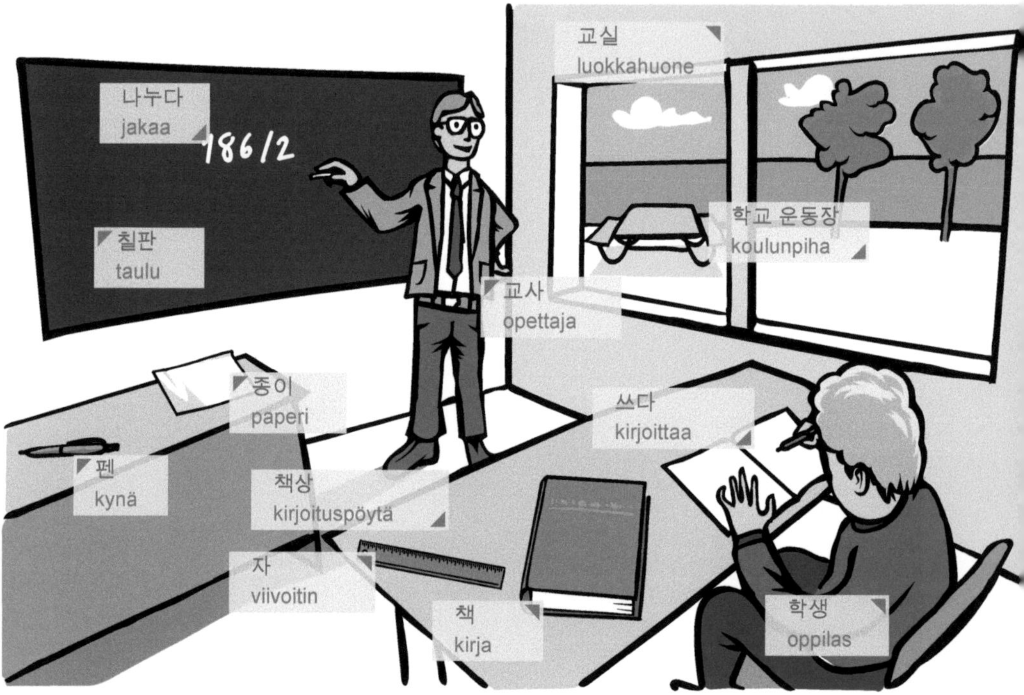

교실
luokkahuone
나누다
jakaa
186/2
칠판
taulu
학교 운동장
koulunpiha
교사
opettaja
종이
paperi
쓰다
kirjoittaa
펜
kynä
책상
kirjoituspöytä
자
viivoitin
책
kirja
학생
oppilas

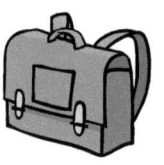

책가방

reppu

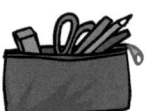

필통

penaali

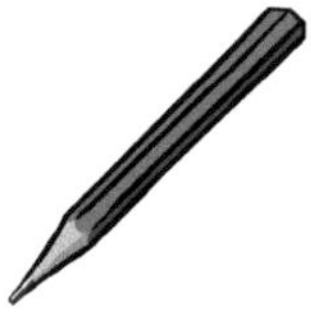

연필

lyijykynä

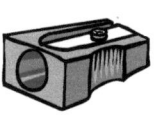

연필깎이

kynänteroitin

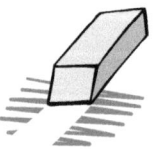

지우개

pyyhekumi

스케치북

piirustuslehtiö

그림
piirustus

붓
pensseli

그림물감 통
vesivärit

가위
sakset

풀
liima

연습장
harjoituskirja

숙제
kotitehtävä

숫자
luku

더하다
lisätä

빼다
vähentää

곱하다
kertoa

계산하다
laskea

글자
kirjain

ABCDEFG
HIJKLMN
OPQRSTU
VWXYZ

알파벳
aakkoset

날말
sana

텍스트

teksti

읽다

lukea

분필

liitu

수업시간

oppitunti

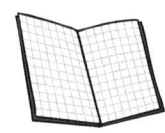

출석부

opettajan muistikirja

시험

koe

증명서

todistus

교복

koulupuku

교육

koulutus

백과사전

sanakirja

대학교

yliopisto

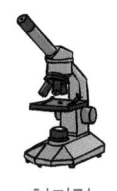

현미경

mikroskooppi

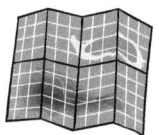

지도

kartta

휴지통

roskakori

여행

matka

Grand
호텔
hotelli
호스텔
retkeilymaja
ROOMS
환전소
rahanvaihto
여행가방
matkalaukku
자동차
auto

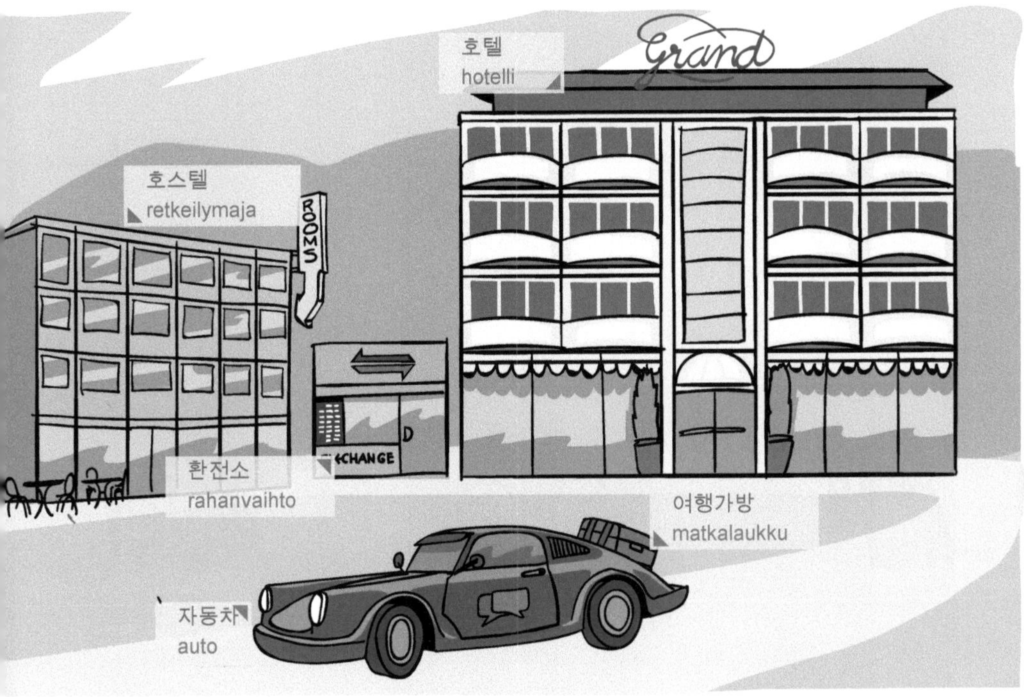

언어

kieli

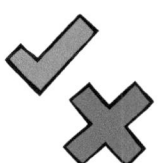

예 / 아니오

kyllä / ei

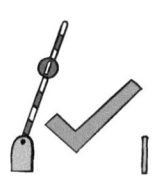

좋아

selvä

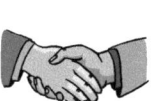

안녕

hei

번역가

tulkki

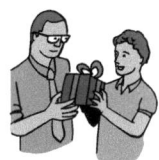

고마워, 고마워요

kiitos

... 얼마입니까?

Paljonko...maksaa?

나는 이해하지 못합니다

en ymmärrä

문제

ongelma

안녕하세요!

Hyvää iltaa!

안녕하세요!

Hyvää huomenta!

잘자요!

Hyvää yötä!

또 만나요

näkemiin

방향

suunta

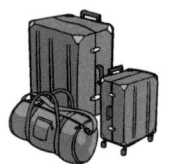

수하물

matkatavarat

가방

laukku

배낭

reppu

손님

vieras

방

huone

침낭

makuupussi

텐트

teltta

여행 안내
turisti-info

해변
ranta

신용카드
luottokortti

아침식사
aamupala

점심식사
lounas

저녁식사
päivällinen

승차권
matkalippu

승강기
hissi

우표
postimerkki

경계
raja

세관
tulli

대사관
suurlähetystö

비자
viisumi

여권
passi

운반
kuljetus

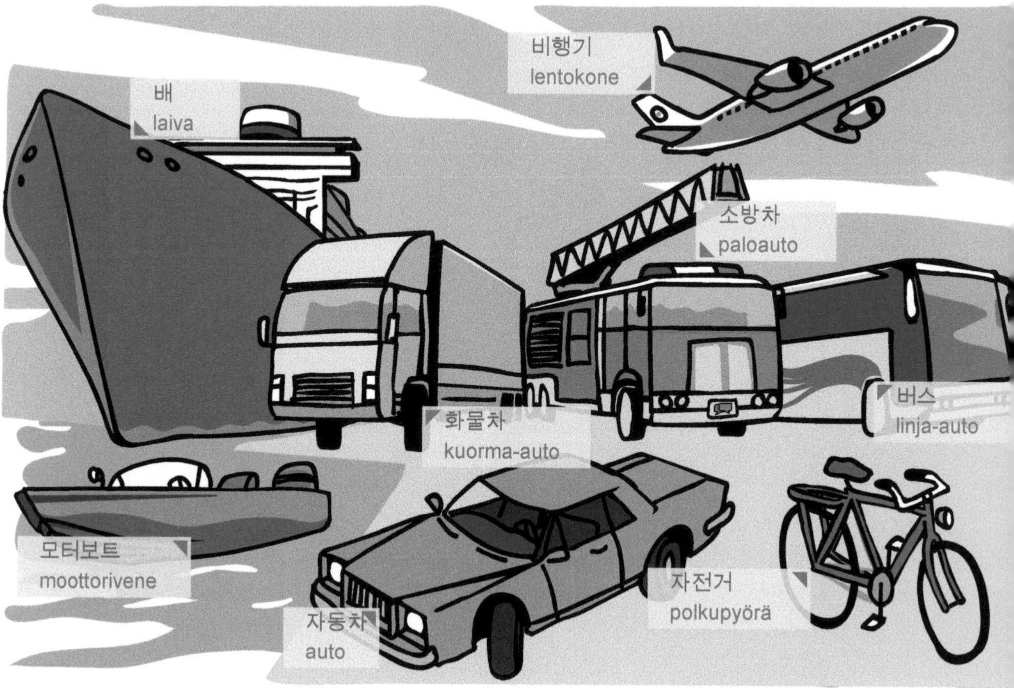

배
laiva

비행기
lentokone

소방차
paloauto

화물차
kuorma-auto

버스
linja-auto

모터보트
moottorivene

자전거
polkupyörä

자동차
auto

페리

lautta

보트

vene

오토바이

moottoripyörä

경찰차

poliisiauto

경주차

kilpa-auto

렌트카

vuokra-auto

카셰어링

car sharing

견인차

hinausauto

쓰레기차

roska-auto

모터

moottori

연료

polttoaine

주유소

huoltoasema

교통 표지

liikennemerkki

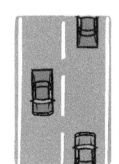

교통

liikenne

교통 정체

ruuhka

주차장

parkkipaikka

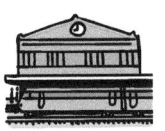

기차역

rautatieasema

트랙터

raiteet

기차

juna

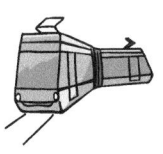

전차

raitiovaunu

객차

vaunu

헬리콥터

helikopteri

공항

lentokenttä

타워

lähilennonjohto

승객

matkustaja

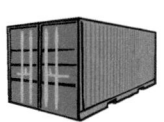

컨테이너

kontti

상자

pahvilaatikko

카트

kärryt

바구니

kori

출발하다 / 도착하다

nousta / laskea

도시
kaupunki

마을

kylä

도심

keskusta

집

talo

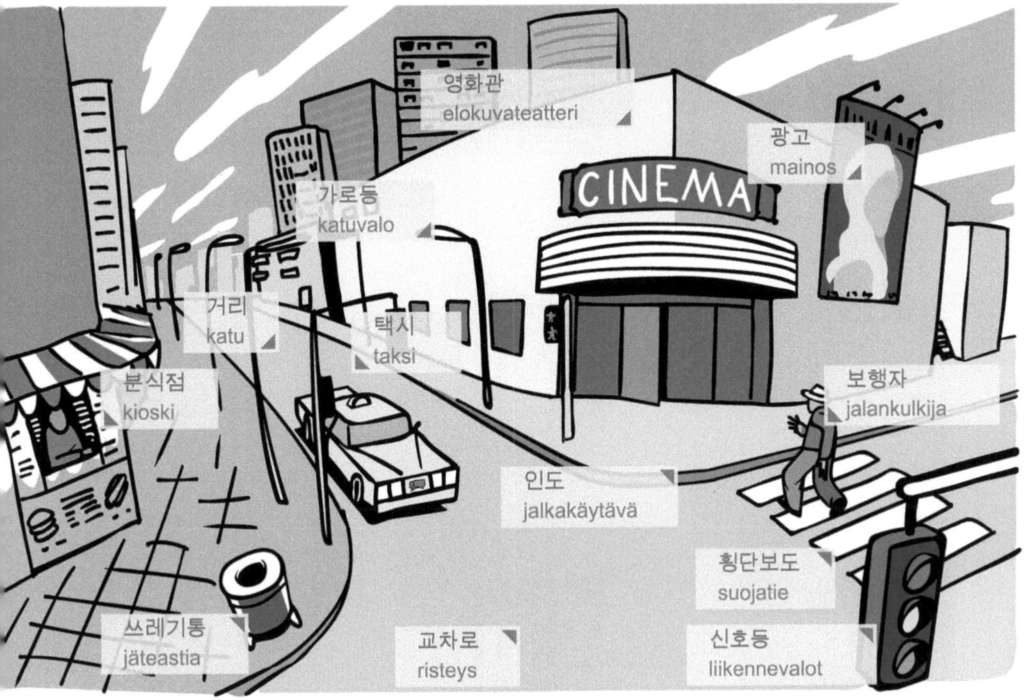

영화관
elokuvateatteri
CINEMA
광고
mainos
가로등
katuvalo
거리
katu
택시
taksi
분식점
kioski
보행자
jalankulkija
인도
jalkakäytävä
횡단보도
suojatie
쓰레기통
jäteastia
교차로
risteys
신호등
liikennevalot

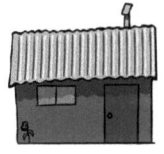

오두막
mökki

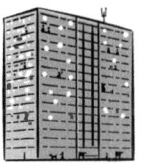

주택
kerrostalo

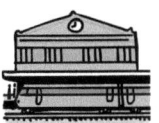

기차역
rautatieasema

시청
kaupungintalo

MUSEUM

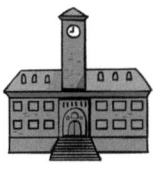

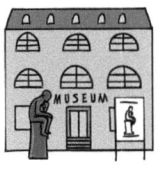

박물관
museo

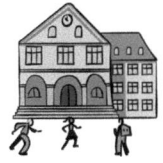

학교
koulu

대학교
yliopisto

은행
pankki

병원
sairaala

호텔
hotelli

약국
apteekki

사무실
toimisto

서점
kirjakauppa

상점
liike

꽃가게
kukkakauppa

수퍼마켓
supermarketti

시장
tori

백화점
tavaratalo

생선가게
kalakauppias

쇼핑 센터
ostoskeskus

항구
satama

도시 - kaupunki

공원
puisto

벤치
penkki

다리
silta

계단
portaat

지하철
metro

터널
tunneli

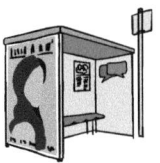

버스 정류장
linja-autopysäkki

바
baari

레스토랑
ravintola

우체통
postilaatikko

도로 표지판
katukyltti

주차료 징수기
parkkimittari

동물원
eläintarha

수영장
uimala

모스크 사원
moskeija

도시 - kaupunki

농장

maatila

환경오염

ympäristön saastuminen

공동묘지

hautausmaa

교회

kirkko

놀이터

leikkikenttä

절

temppeli

풍경

maisema

잎
lehti

이정표
tienviitta

길
tie

초원
niitty

돌
kivi

나무
puu

도보여행자
retkeilijä

강
joki

잔디
ruoho

꽃
kukka

계곡
laakso

산
vuori

호수
järvi

숲
metsä

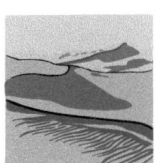

사막
aavikko

화산
tulivuori

성
linna

무지개
sateenkaari

버섯
sieni

야자나무
palmu

모기
hyttynen

파리
kärpänen

개미
muurahainen

벌
mehiläinen

거미
hämähäkki

풍경 - maisema

딱정벌레
kovakuoriainen

개구리
sammakko

다람쥐
orava

고슴도치
siili

토끼
jänis

부엉이
pöllö

새
lintu

백조
joutsen

맷돼지
villisika

사슴
peura

순록
hirvi

댐
pato

풍력 터빈
tuulimylly

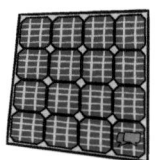

태양광 전지판
aurinkopaneeli

기후
ilmasto

레스토랑
ravintola

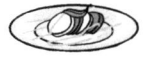

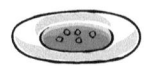

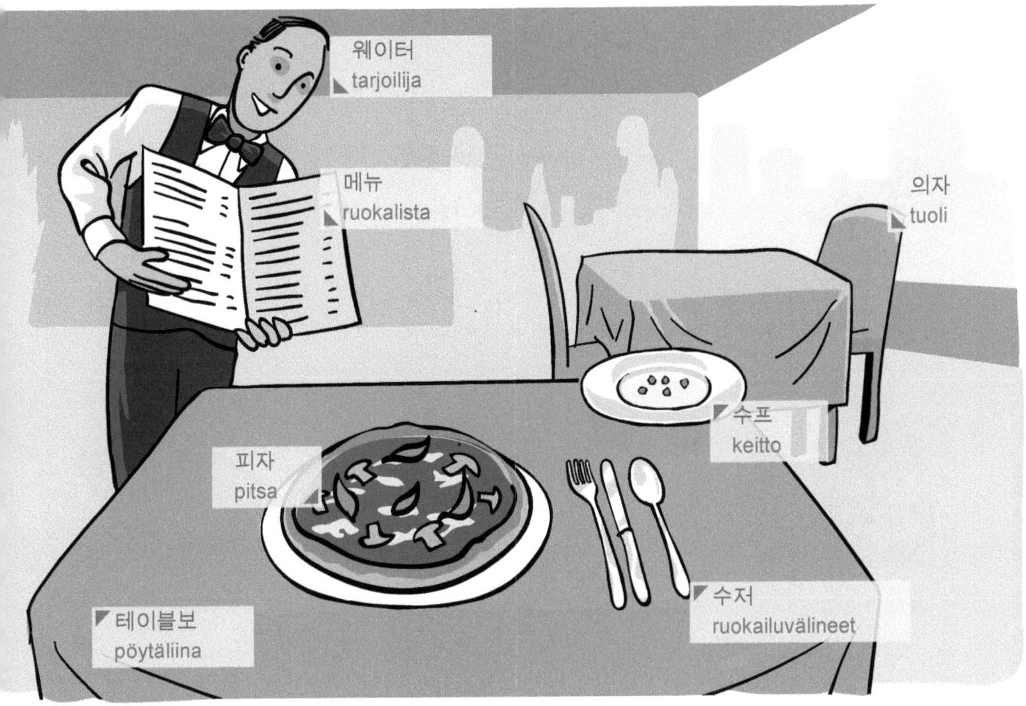

웨이터
tarjoilija
메뉴
ruokalista
의자
tuoli
수프
keitto
피자
pitsa
수저
ruokailuvälineet
테이블보
pöytäliina

전채요리

alkuruoka

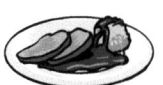

주요리

pääruoka

후식

jälkiruoka

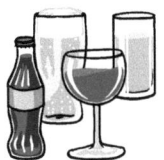

음료수

juomat

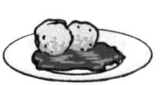

음식

ruoka

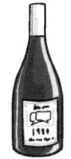

병

pullo

인스턴트 식품

pikaruoka

길거리음식

katuruoka

찻주전자

teekannu

설탕통

sokeriastia

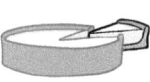

인분

annos

에스프레소 머신

espressokeitin

높은 의자

syöttötuoli

계산서

lasku

쟁반

tarjotin

칼

veitsi

포크

haarukka

숟가락

lusikka

찻숟가락

teelusikka

냅킨

servietti

유리잔

lasi

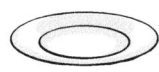

접시

lautanen

수프 그릇

syvä lautanen

컵 받침

aluslautanen

소스

kastike

소금통

suolasirotin

후추통

pippurimylly

식초

etikka

기름

öljy

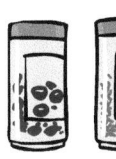

양념

mausteet

케첩

ketsuppi

겨자

sinappi

마요네즈

majoneesi

수퍼마켓

supermarketti

특가 판매
tarjous
FOR
고객
asiakas
유제품
maitotuotteet
과일
hedelmät
트롤리
ostoskärryt

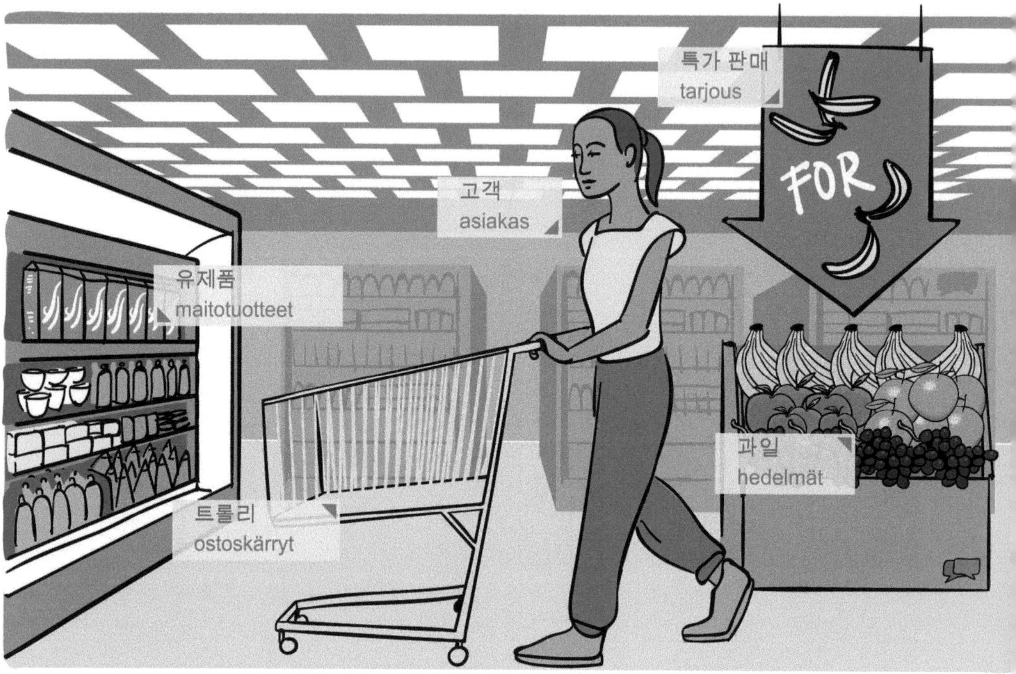

BUTCHERS

정육점

teurastamo

BAKERY

빵집

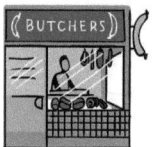

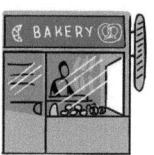

leipomo

무게가 나가다

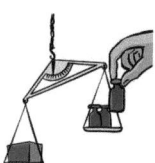

punnita

채소

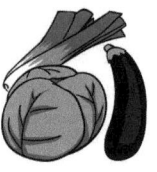

kasvikset

고기

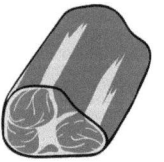

liha

냉동식품

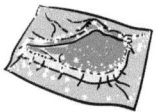

pakasteet

냉육
leikkele

통조림
säilykkeet

가루 세제
pesujauhe

달콤한 간식
makeiset

가정용품
kotitaloustarvikkeet

세척제
puhdistusaineet

판매원
myyjä

계산대
kassa

계산원
kassanhoitaja

구매목록
ostoslista

문 여는 시간
aukioloajat

지갑
lompakko

신용카드
luottokortti

가방
kassi

비닐 봉투
muovipussi

물
vesi

주스
mehu

우유
maito

콜라
kokis

와인
viini

맥주
olut

술
alkoholi

카카오
kaakao

차고
tee

커피
kahvi

에스프레소
espresso

카푸치노
cappuccino

바나나

banaani

사과

omena

오렌지

appelsiini

수박

meloni

레몬

sitruuna

당근

porkkana

마늘

valkosipuli

대나무

bambu

양파

sipuli

버섯

sieni

견과류

pähkinät

국수

spagetti

스파게티

spagetti

쌀

riisi

샐러드

salaatti

감자칩

ranskalaiset

감자튀김

paistetut perunat

피자

pitsa

햄버거

hampurilainen

샌드위치

voileipä

커틀렛

leike

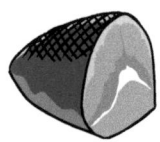

햄

kinkku

살라미

salami

소시지

makkara

닭

kana

구이

paisti

생선

kala

오트밀

kaurahiutaleet

뮤슬리

mysli

콘플레이크

murot

밀가루

jauho

크루아상

voisarvi

롤빵

sämpylä

빵

leipä

토스트

paahtoleipä

비스킷

keksit

버터

voi

응유

rahka

케이크

kakku

달걀

kananmuna

계란 후라이

paistettu kananmuna

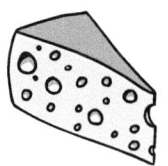

치즈

juusto

아이스크림

jäätelö

설탕

sokeri

꿀

hunaja

잼

hillo

누가 크림

suklaapähkinälevite

카레

curry

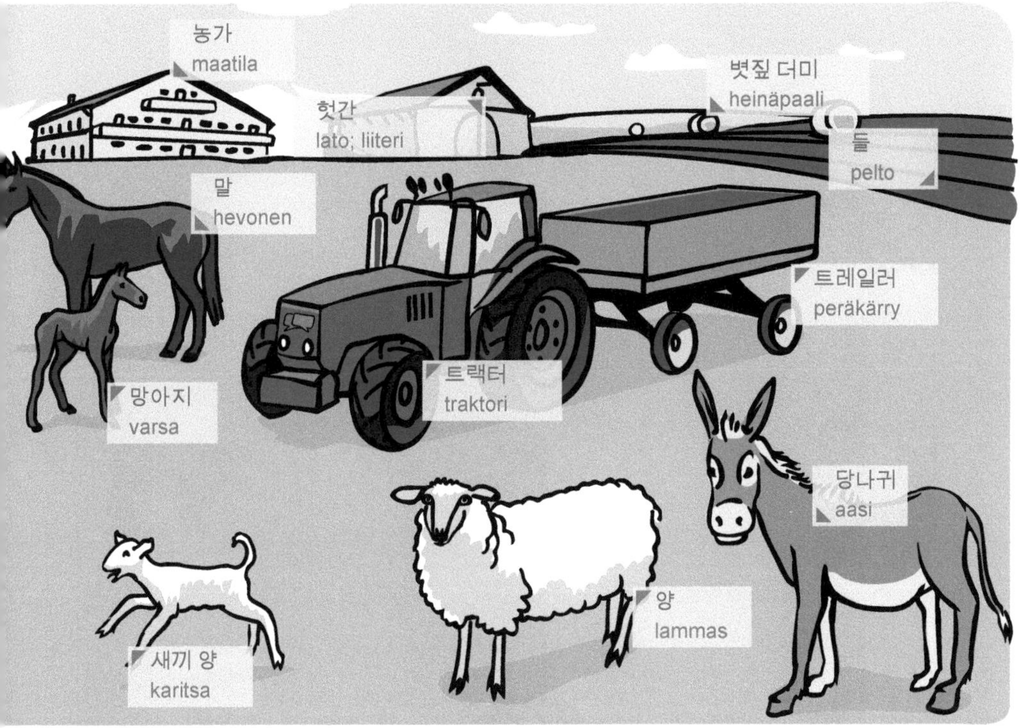

농가
maatila

헛간
lato; liiteri

볏짚 더미
heinäpaali

들
pelto

말
hevonen

트레일러
peräkärry

망아지
varsa

트랙터
traktori

당나귀
aasi

새끼 양
karitsa

양
lammas

염소

vuohi

암소

lehmä

송아지

vasikka

돼지

sika

새끼 돼지

porsas

황소

sonni

거위
hanhi

오리
ankka

병아리
tipu

암탉
kana

수탉
kukko

쥐
rotta

고양이
kissa

생쥐
hiiri

황소
härkä

개
koira

개집
koirankoppi

정원용 호스
puutarhaletku

물뿌리개
kastelukannu

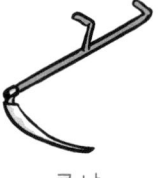

큰 낫
viikate

쟁기
aura

낫

sirppi

괭이

kuokka

쇠스랑

talikko

도끼

kirves

외바퀴 손수레

kottikärryt

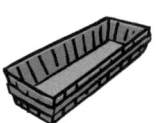

여물통

kaukalo

우유 캔

maitokannu

부대

säkki

울타리

aita

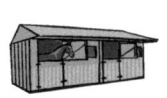

축사

talli

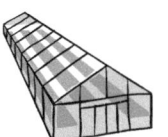

비닐하우스

kasvihuone

땅

maa

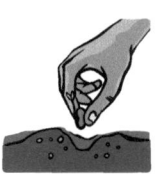

씨앗

siemen

거름

lannoite

콤바인

leikkuupuimuri

수확하다

kerätä sato

수확

sato

참마

jamssit

밀

vehnä

콩

soija

감자

peruna

옥수수

maissi

유채씨

rypsi

과일나무

hedelmäpuu

카사바

maniokki

곡식

vilja

집

talo

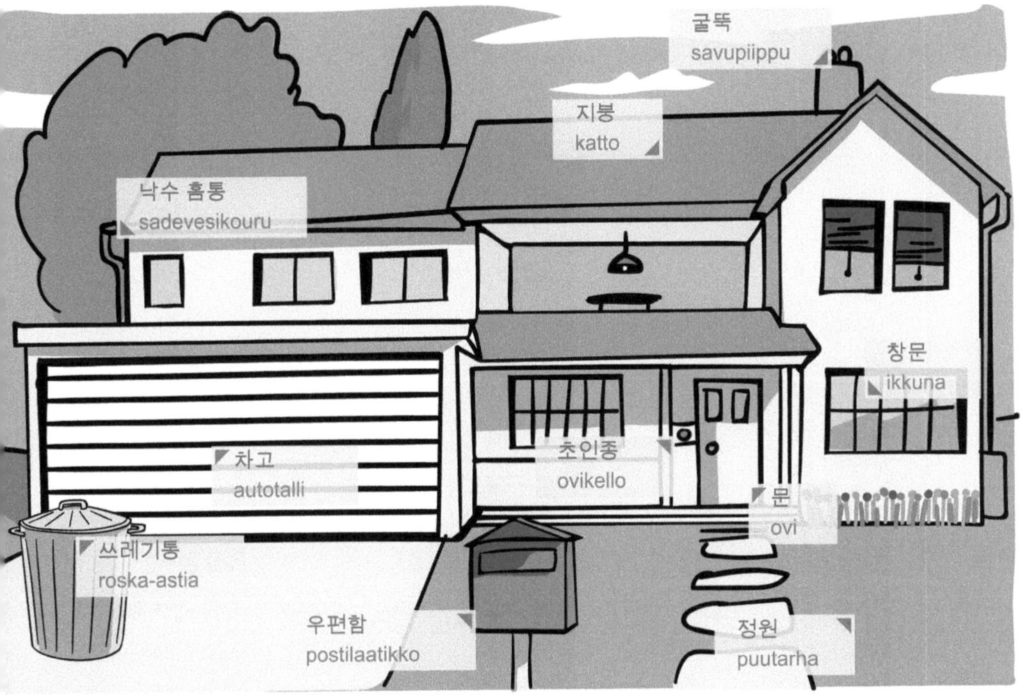
굴뚝
savupiippu
지붕
katto
낙수 홈통
sadevesikouru
창문
ikkuna
차고
autotalli
초인종
ovikello
문
ovi
쓰레기통
roska-astia
우편함
postilaatikko
정원
puutarha

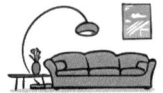

응접실

olohuone

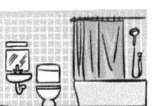

욕실

kylpyhuone

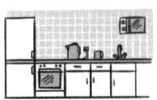

부엌

keittiö

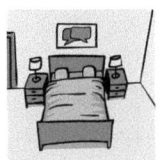

침실

makuuhuone

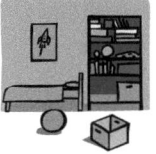

아이들 방

lastenhuone

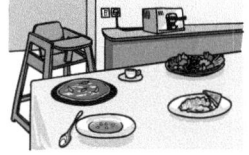

식사실

ruokahuone

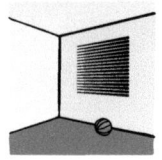

바닥
lattia

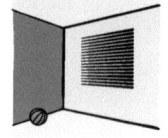

벽
seinä

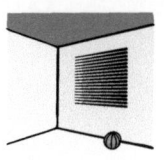

천장
katto

지하실
kellari

사우나
sauna

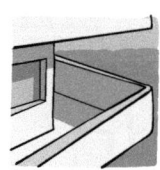

발코니
parveke

테라스
terassi

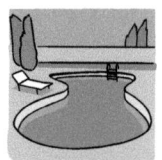

수영장
uima-allas

잔디 깎는 기계
ruohonleikkuri

침대 시트
lakana

이불
päiväpeitto

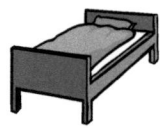

침대
sänky

빗자루
harja

양동이
ämpäri

스위치
katkaisin

응접실
olohuone

벽지
tapetti
그림
kuva
전등
lamppu
선반
hylly
캐비닛
kaappi
텔레비전
televisio
벽난로
takka
꽃
kukka
쿠션
tyyny
소파
sohva
꽃병
maljakko
리모컨
kaukosäädin

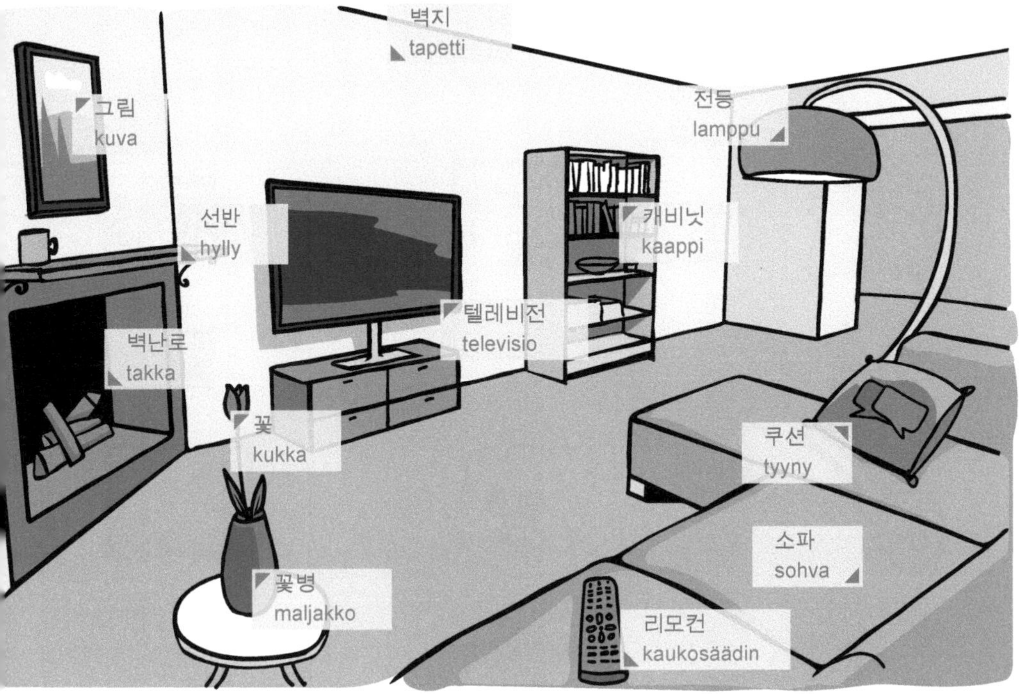

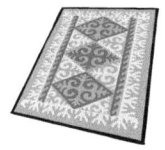

카페트
matto

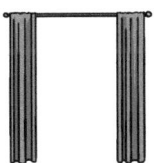

커튼
verho

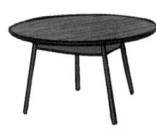

탁자
pöytä

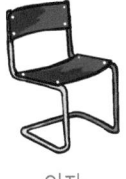

의자
tuoli

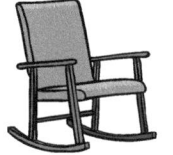

흔들의자
keinutuoli

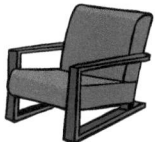

안락의자
nojatuoli

책
kirja

담요
peitto

장식
koriste

뗄감나무
polttopuut

영화
elokuva

하이파이 기기
stereot

열쇠
avain

신문
sanomalehti

회화
maalaus

포스터
juliste

라디오
radio

노트
muistivihko

진공청소기
pölynimuri

선인장
kaktus

초
kynttilä

부엌
keittiö

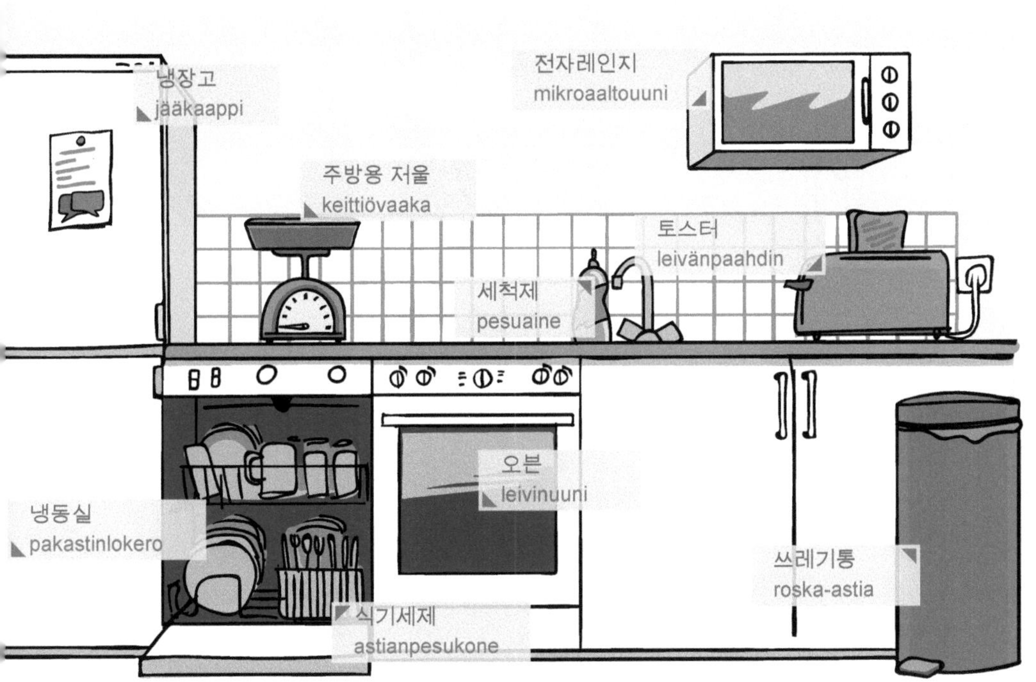

냉장고
jääkaappi
전자레인지
mikroaaltouuni
주방용 저울
keittiövaaka
토스터
leivänpaahdin
세척제
pesuaine
오븐
leivinuuni
냉동실
pakastinlokero
쓰레기통
roska-astia
식기세제
astianpesukone

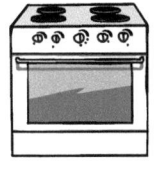

쿠커

liesi

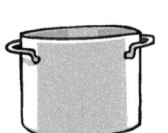

냄비

kattila

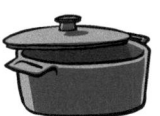

주철 냄비

rautapata

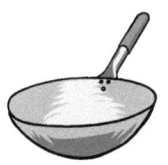

웍 / 카다이 냄비

vokkipannu / kadai-pannu

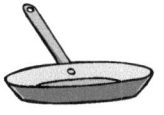

프라이팬

paistinpannu

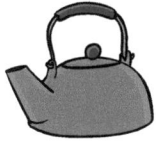

주전자

teepannu

찜기
höyrykeitin

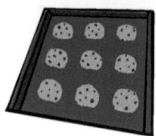

오븐 구이용 쟁반
uunipelti

그릇
astiat

머그
muki

양푼이
kulho

젓가락
syömäpuikot

국자
kauha

주걱
paistinlasta

거품기
vispilä

여과기
siivilä

체
siivilä

강판
raastin

절구
mortteli

바베큐
grilli

화덕
avotuli

도마
leikkuulauta

밀방망이
kaulin

코르크 병따개
korkinavaaja

캔
purkki

캔 따개
purkinavaaja

냄비 받침
pannulappu

개수대
lavuaari

솔
tiskiharja

수세미
pesusieni

블렌더
tehosekoitin

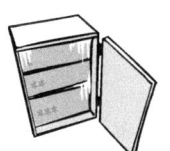

냉동고
pakastin

젖병
tuttipullo

수도꼭지
vesihana

욕실

kylpyhuone

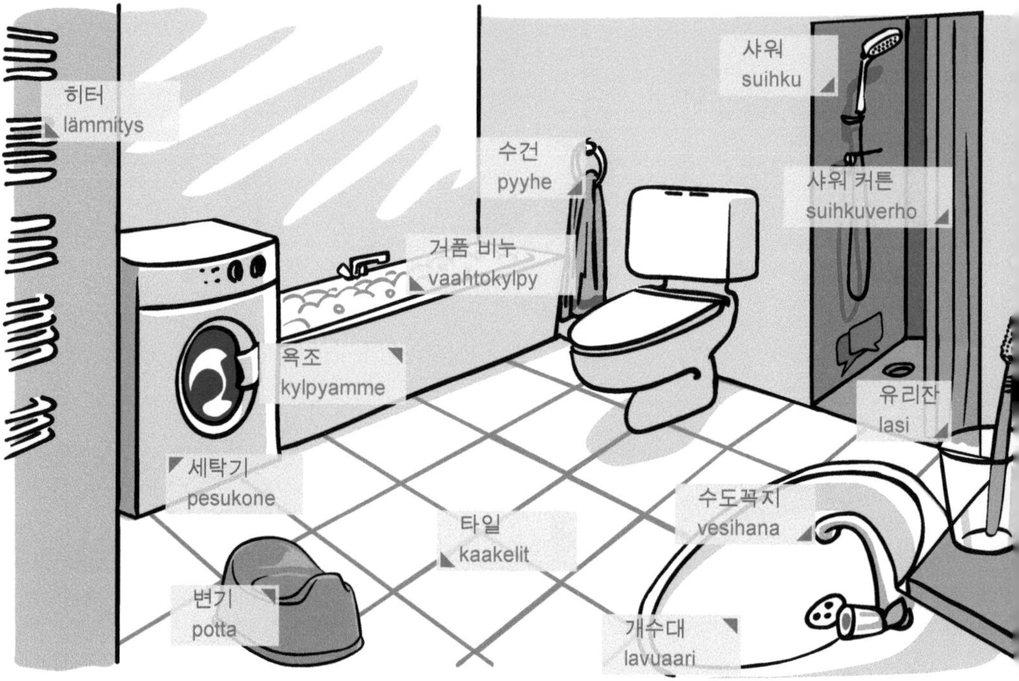

히터
lämmitys
수건
pyyhe
샤워
suihku
샤워 커튼
suihkuverho
거품 비누
vaahtokylpy
욕조
kylpyamme
세탁기
pesukone
유리잔
lasi
수도꼭지
vesihana
타일
kaakelit
변기
potta
개수대
lavuaari

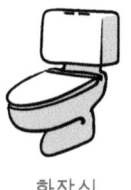

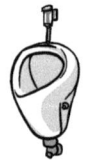

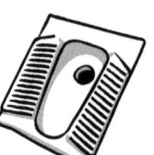

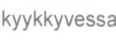

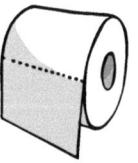

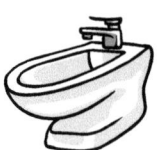

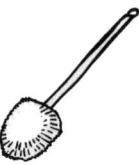

화장실

vessa

재래식 화장실

kyykkyvessa

비데

bidee

공중 변소

pisuaari

화장지

vessapaperi

변기솔

vessaharja

치솔
hammasharja

치약
hammastahna

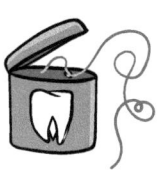

치실
hammaslanka

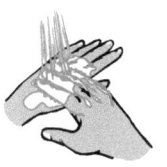

씻다
pestä

샤워기
käsisuihku

질 세척제
intiimisuihku

대야
pesuvati

등밀이솔
selkäharja

비누
saippua

샤워 젤
suihkugeeli

샴푸
shampoo

물걸레
pesulappu

배수관
viemäri

크림
voide

체취 제거제
deodorantti

거울

peili

휴대용 거울

käsipeili

면도기

partaveitsi

면도 거품

partavaahto

에프터쉐이브

partavesi

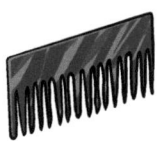

빗

kampa

솔

harja

헤어드라이기

hiustenkuivaaja

헤어스프레이

hiuslakka

메이크업

meikki

립스틱

huulipuna

손톱깎이

kynsilakka

면 솜

pumpuli

손톱

kynsisakset

향수

hajuvesi

욕실 - kylpyhuone

세면도구 주머니

kosmetiikkalaukku

스툴

jakkara

저울

vaaka

목욕 가운

kylpytakki

고무 장갑

kumihansikkaat

탐폰

tamponi

생리대

terveysside

화학 화장실

kemiallinen wc

아이들 방
lastenhuone

자명종
herätyskello
털인형
pehmolelu
장난감 차
leikkiauto
딸랑이
helistin
인형의 집
nukkekoti
선물
lahja

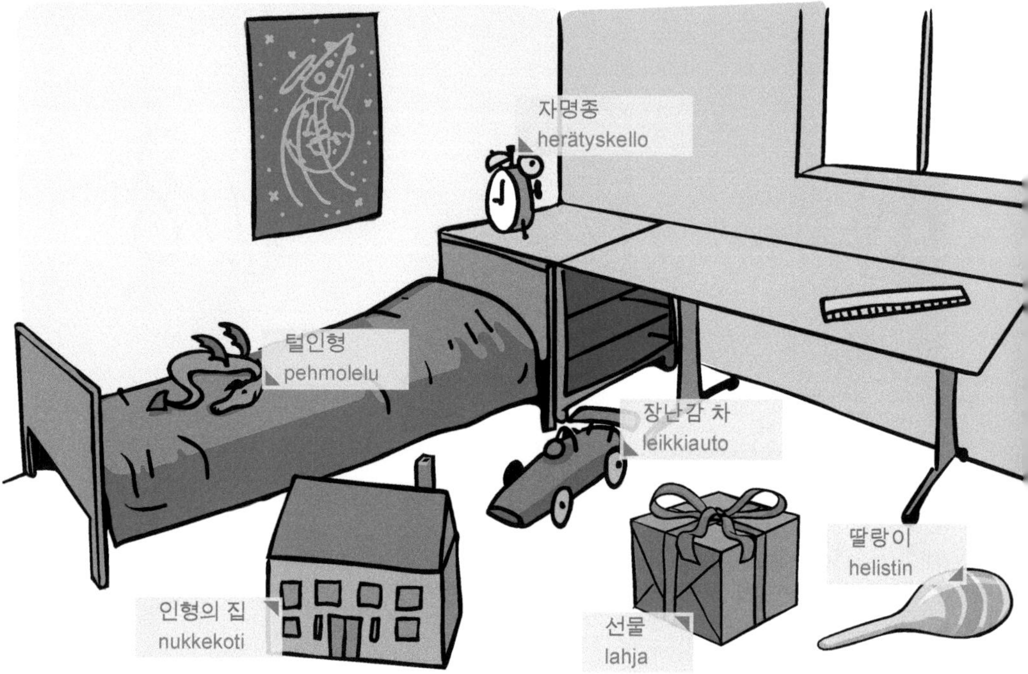

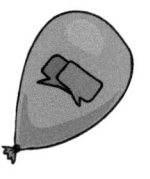

풍선

ilmapallo

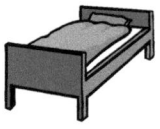

침대

sänky

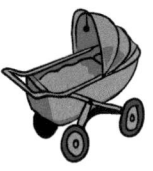

유모차

lastenvaunut

카드 게임

korttipeli

퍼즐

palapeli

SUPER
MEGA

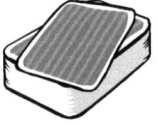

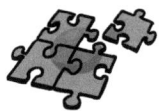

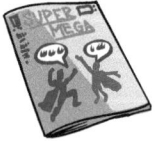

만화

sarjakuva

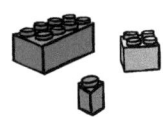

레고

legopalikat

장난감 블럭

rakennuspalikat

액션 캐릭터

supersankari

베이비 그로

potkupuku

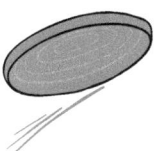

프리스비

frisbee

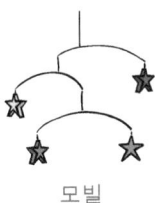

모빌

mobile

보드 게임

lautapeli

주사위

noppa

기차 모형 세트

pienoisjunarata

노리개 젖꼭지

tutti

파티

juhlat

그림책

kuvakirja

공

pallo

인형

nukke

놀다

leikkiä

모래상자

hiekkalaatikko

그네

keinu

장난감

lelut

비디오 게임 콘솔

pelikonsoli

세바퀴자전거

kolmipyörä

곰인형

nalle

옷장

vaatekaappi

의복

vaatteet

양말

sukat

스타킹

nylonsukat

스타킹

sukkahousut

스카프
kaulaliina

우산
sateenvarjo

허리띠
vyö

티셔츠
t-paita

부츠
saappaat

슬리퍼
sisätossut

운동화
lenkkarit

샌들
sandaalit

신발
kengät

고무 장화
kumisaappaat

팬티
alushousut

브래지어
rintaliivit

러닝 셔츠
aluspaita

바디

body

바지

housut

청바지

farkut

치마

hame

블라우스

pusero

셔츠

paita

풀오버

villapaita

후드티

collegepaita

블레이저

jakku

자켓

takki

외투

takki

비옷

sadetakki

의상

puku

원피스

mekko

웨딩 드레스

hääpuku

양복
puku

나이트가운
yöpaita

잠옷
pyjama

사리
shari

두건
päähuivi

터번
turbaani

부르카
burka

카프탄
kaftaani

아바야
abaya

수영복
uimapuku

수영바지
uimahousut

반바지
shortsit

트레이닝복
verkkarit

앞치마
esiliina

장갑
käsineet

단추
nappi

안경
silmälasit

팔찌
rannekoru

목걸이
kaulakoru

반지
sormus

귀걸이
korvakoru

캡 모자
lippalakki

옷걸이
ripustin

모자
hattu

넥타이
solmio

지퍼
vetoketju

헬멧
kypärä

멜빵
henkselit

교복
koulupuku

유니폼
univormu

턱받이

ruokalappu

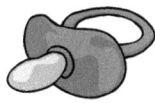

노리개 젖꼭지

tutti

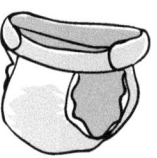

기저귀

vaippa

사무실

toimisto

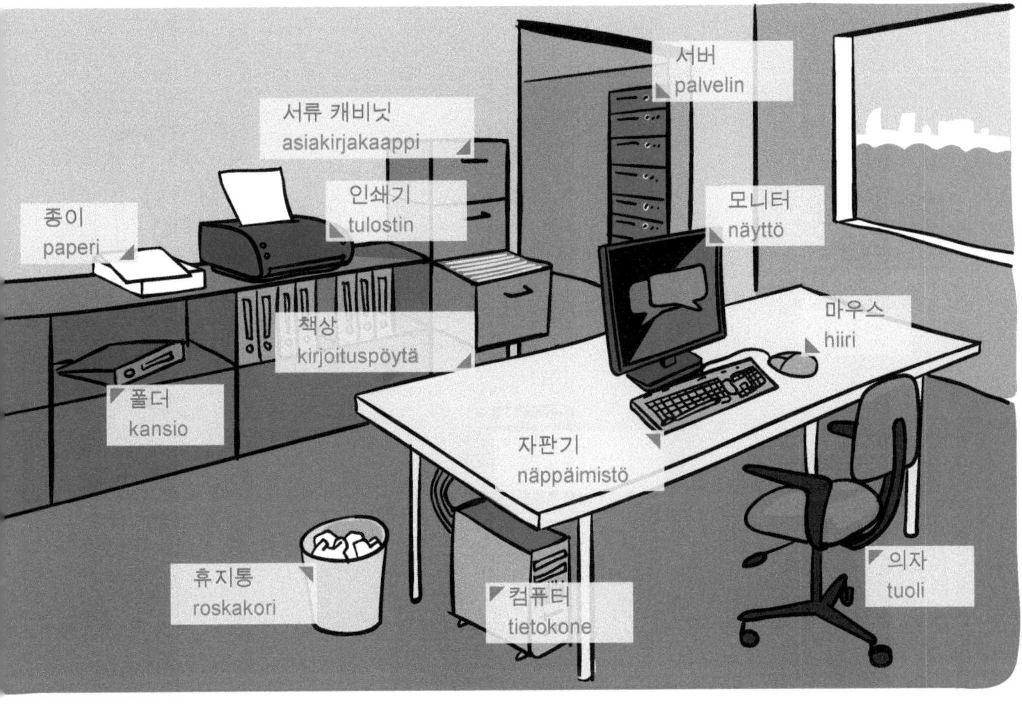

서버
palvelin

서류 캐비닛
asiakirjakaappi

인쇄기
tulostin

모니터
näyttö

종이
paperi

마우스
hiiri

책상
kirjoituspöytä

폴더
kansio

자판기
näppäimistö

휴지통
roskakori

컴퓨터
tietokone

의자
tuoli

커피잔

kahvimuki

계산기

taskulaskin

인터넷

internet

노트북

kannettava tietokone

편지

kirje

메시지

viesti

휴대전화

kännykkä

네트워크

verkko

복사기

kopiokone

소프트웨어

ohjelmisto

전화

puhelin

플러그 소켓

pistorasia

팩시밀리

faksi

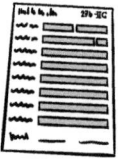

서식

lomake

서류

asiakirja

사다

ostaa

지불하다

maksaa

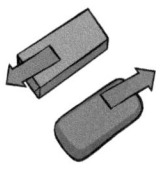

거래하다

vaihtaa

돈

raha

달러

dollari

유로

euro

엔

jeni

루벨

rupla

스위스 프랑

frangi

위안

renminbi juan

루피

rupia

현금인출기

pankkiautomaatti

환전소

rahanvaihto

금

kulta

은

hopea

석유

öljy

에너지

energia

가격

hinta

계약

sopimus

세금

vero

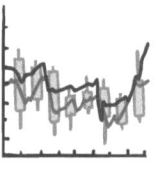

주식

osake

일하다

työskennellä

근로자

työntekijä

고용주

työnantaja

공장

tehdas

상점

liike

직업
ammatit

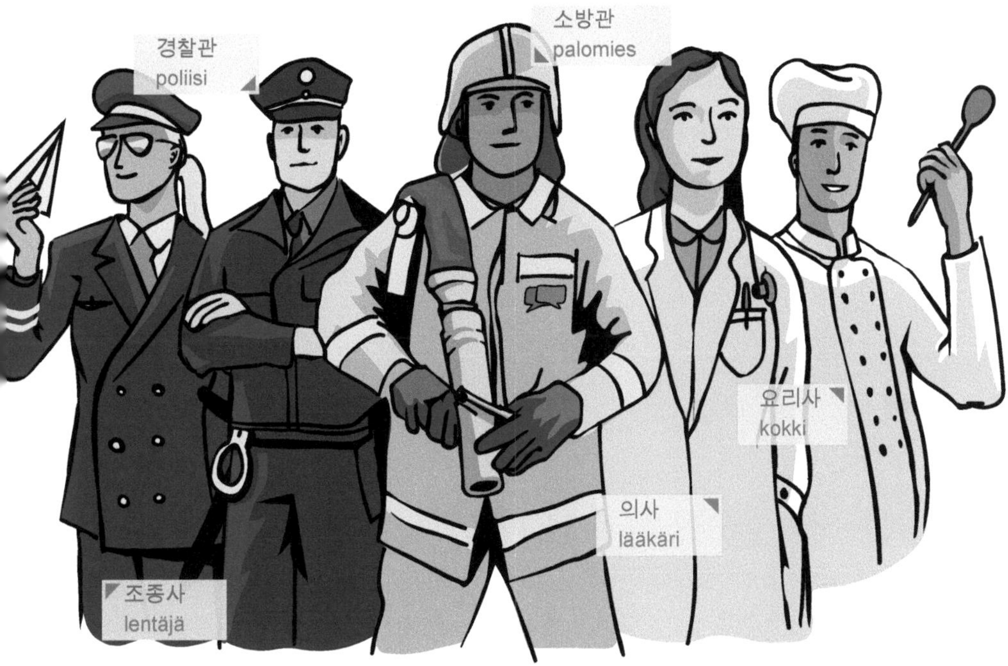

경찰관
poliisi
소방관
palomies
요리사
kokki
의사
lääkäri
조종사
lentäjä

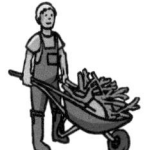

정원사

puutarhuri

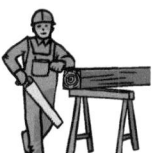

목수

puuseppä

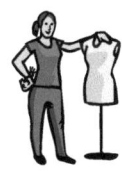

수선공

ompelija

판사

tuomari

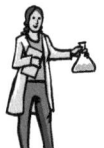

화학자

kemisti

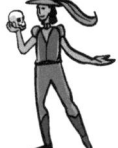

배우

näyttelijä

버스운전사

linja-autonkuljettaja

택시 운전사

taksinkuljettaja

어부

kalastaja

청소부

siivooja

지붕 수리자

katontekijä

웨이터

tarjoilija

사냥꾼

metsästäjä

화가

maalari

제빵사

leipuri

전기업자

sähköasentaja

건축업자

rakentaja

엔지니어

insinööri

정육점업자

teurastaja

배관업자

putkiasentaja

우편물 배달부

postinjakaja

군인
sotilas

건축가
arkkitehti

계산원
kassanhoitaja

플로리스트
floristi

미용사
kampaaja

검표원
konduktööri

정비사
mekaanikko

선장
kapteeni

치과의사
hammaslääkäri

학자
tiedemies

유대교 라비
rabbi

이맘
imaami

수도승
munkki

사제
pappi

연장

työkalut

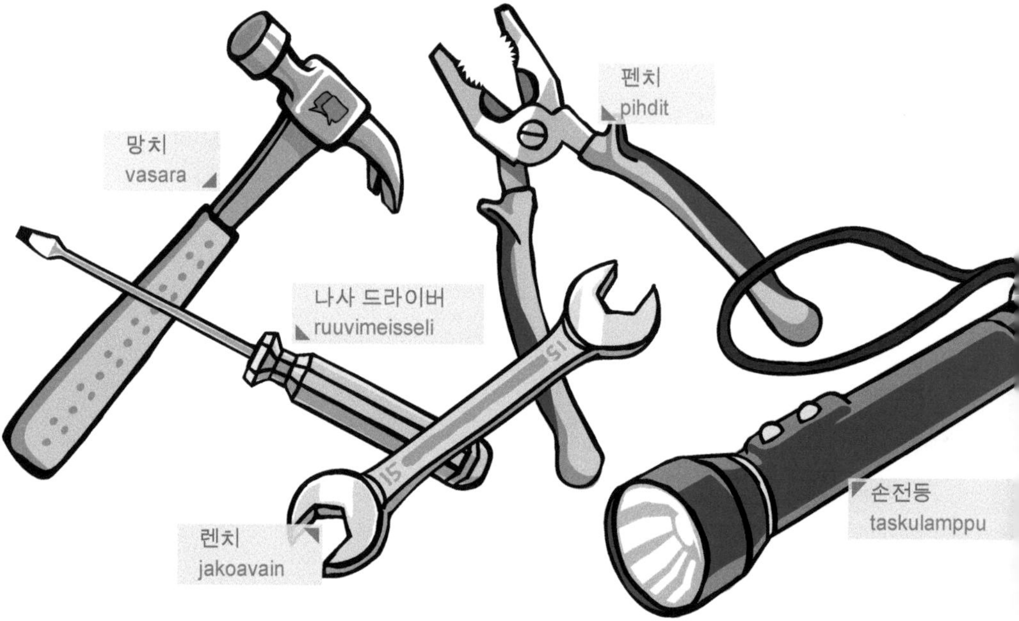

망치
vasara
펜치
pihdit
나사 드라이버
ruuvimeisseli
렌치
jakoavain
손전등
taskulamppu

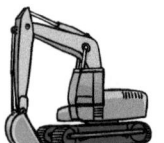

굴삭기

kaivinkone

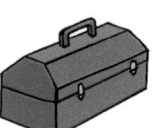

연장통

työkalupakki

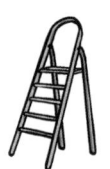

사다리

tikkaat

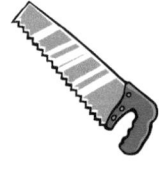

톱

saha

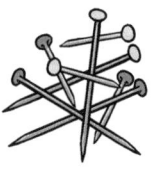

못

naulat

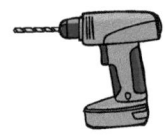

드릴

pora

수리하다
korjata

삽
lapio

젠장!
Hitto!

쓰레받기
rikkalapio

페인트통
maalipurkki

나사
ruuvit

악기

soittimet

스피커
kaiuttimet

드럼
rummut

기타
kitara

콘트라베이스
kontrabasso

트럼펫
trumpetti

피아노

piano

바이올린

viulu

베이스

basso

팀파니

patarummut

북

rumpu

키보드

kosketinsoitin

색소폰

saksofoni

플루트

huilu

마이크

mikrofoni

호랑이
tiikeri

입구
sisäänkäynti

우리
häkki

얼룩말
seepra

사료
eläinten ruoka

판다 곰
panda

동물

eläimet

코끼리

norsu

캥거루

kenguru

코뿔소

sarvikuono

고릴라

gorilla

곰

karhu

낙타

kameli

타조

strutsi

사자

leijona

원숭이

apina

홍학

flamingo

앵무새

papukaija

북극곰

jääkarhu

펭귄

pingviini

상어

hai

공작

riikinkukko

뱀

käärme

악어

krokotiili

동물원 사육사

eläintarhanhoitaja

물개

hylje

재규어

jaguaari

조랑말

poni

표범

leopardi

하마

virtahepo

기린

kirahvi

독수리

kotka

맷돼지

villisika

생선

kala

거북이

kilpikonna

바다코끼리

mursu

여우

kettu

영양

gaselli

동물원 - eläintarha

미식축구
amerikkalainen jalkapallo

자전거 경기
pyöräily

테니스
tennis

농구
koripallo

수영
uinti

권투
nyrkkeily

아이스하키
jääkiekko

축구
jalkapallo

배드민턴
sulkapallo

육상 경기
yleisurheilu

핸드볼
käsipallo

스키
hiihto

폴로
poolo

활동

aktiviteetit

웃다
nauraa
뛰어오르다
hypätä
포옹하다
halata
걷다
kävellä
노래하다
laulaa
꿈꾸다
unelmoida
기도하다
rukoilla
입맞추다
suudella

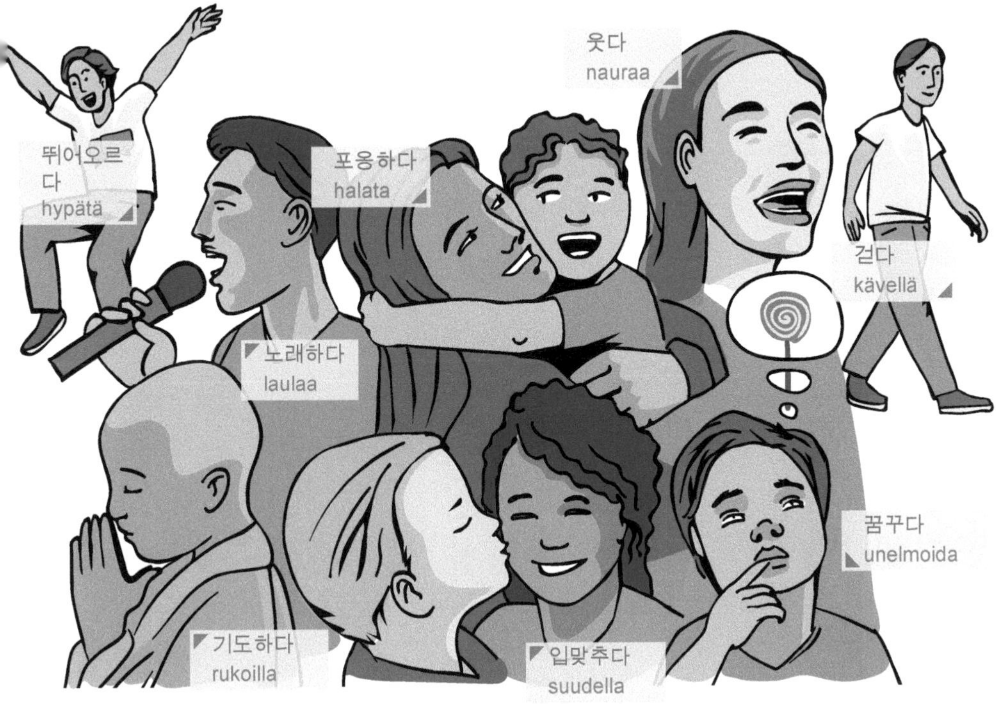

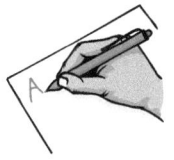

쓰다

kirjoittaa

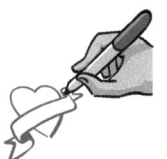

그리다

piirtää

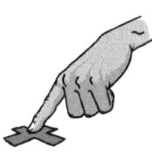

보여주다

näyttää

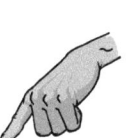

밀다

painaa

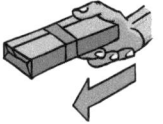

주다

antaa

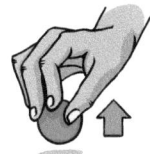

받다

ottaa

가지다

omistaa

행하다

tehdä

...이다

olla

서있다

seisoa

뛰다

juosta

당기다

vetää

던지다

heittää

떨어지다

kaatua

누워있다

maata

기다리다

odottaa

운반하다

kantaa

앉다

istua

옷을 입다

pukeutua

자다

nukkua

깨다

herätä

보다

katsoa

울다

itkeä

쓰다듬다

silittää

빗다

kammata

말하다

puhua

이해하다

ymmärtää

묻다

kysyä

듣다

kuunnella

마시다

juoda

먹다

syödä

정리하다

siivota

사랑하다

rakastaa

요리하다

keittää

주행하다

ajaa

날다

lentää

해항하다
purjehtia

계산하다
laskea

읽다
lukea

배우다
oppia

일하다
työskennellä

결혼하다
mennä naimisiin

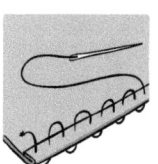

바느질하다
ommella

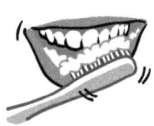

이를 닦다
pestä hampaat

죽이다
tappaa

담배 피우다
tupakoida

보내다
lähettää

할머니
mummo

할아버지
ukki

아버지
isä

어머니
äiti

아기
vauva

딸
tytär

아들
poika

손님

vieras

이모 / 고모

täti

삼촌

setä

형제

veli

자매

sisko

몸통

vartalo

이마
otsa
눈
silmä
어깨
olkapää
손가락
sormet
얼굴
kasvot
턱
leuka
손가락
käsi
다리
jalka
가슴
rinta
팔
käsivarsi

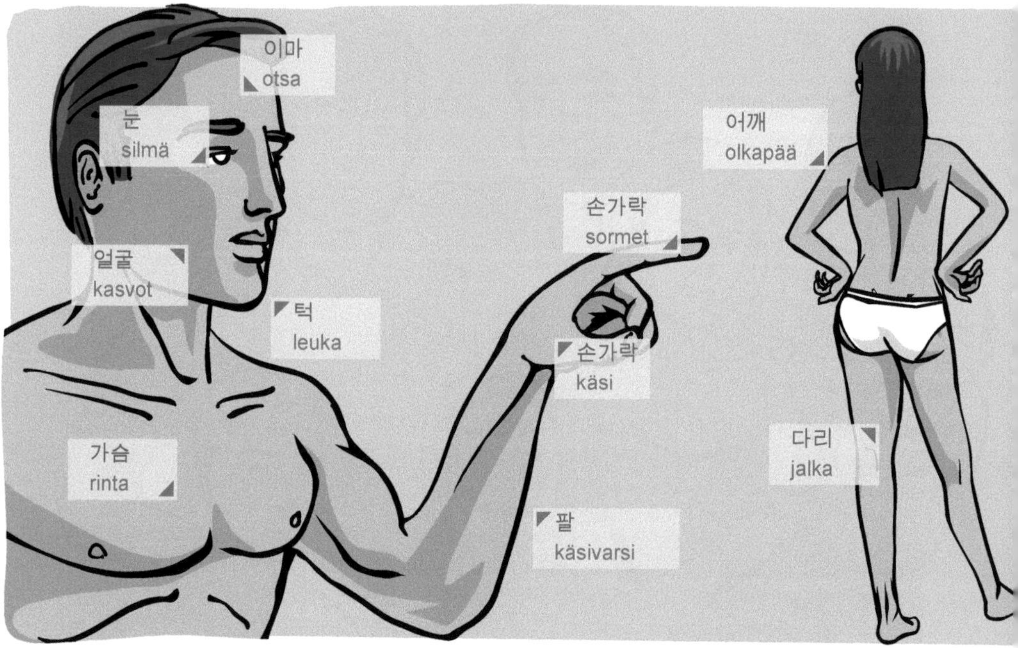

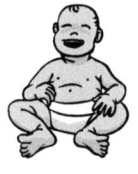

아기

vauva

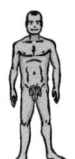

남자

mies

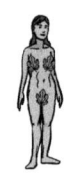

여자

nainen

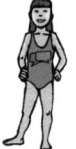

소녀

tyttö

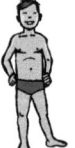

소년

poika

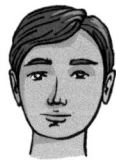

머리카락

pää

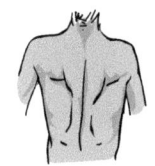

등
selkä

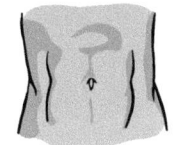

배
maha

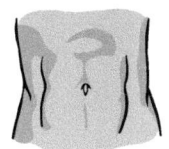

배꼽
napa

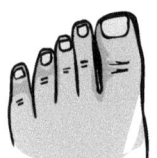

발가락
varvas

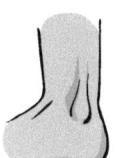

발꿈치
kantapää

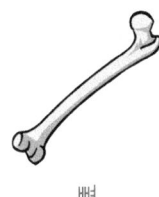

뼈
luu

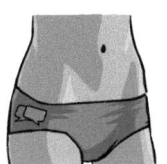

엉덩이
lantio

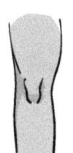

무릎
polvi

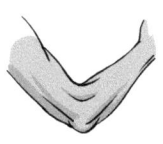

팔꿈치
kyynärpää

코
nenä

둔부
takapuoli

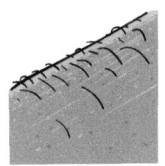

피부
iho

뺨
poski

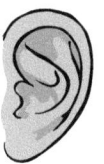

귀
korva

입술
huuli

입
suu

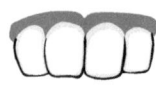

치아
hammas

혀
kieli

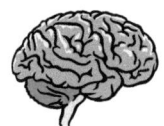

뇌
aivot

심장
sydän

근육
lihas

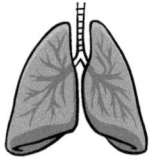

허파
keuhkot

간
maksa

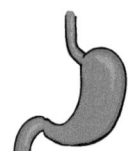

위
vatsa

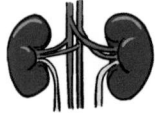

신장
munuaiset

성교
seksi

콘돔
kondomi

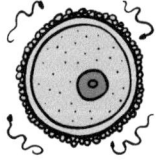

난자
munasolu

정자
sperma

임신
raskaus

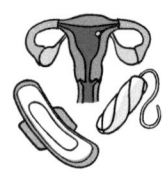

월경
kuukautiset

질
vagina

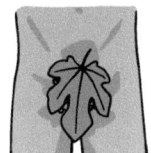

음경
penis

눈썹
kulmakarvat

머리카락
hiukset

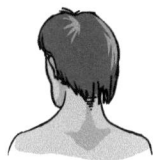

목
niska

병원
sairaala

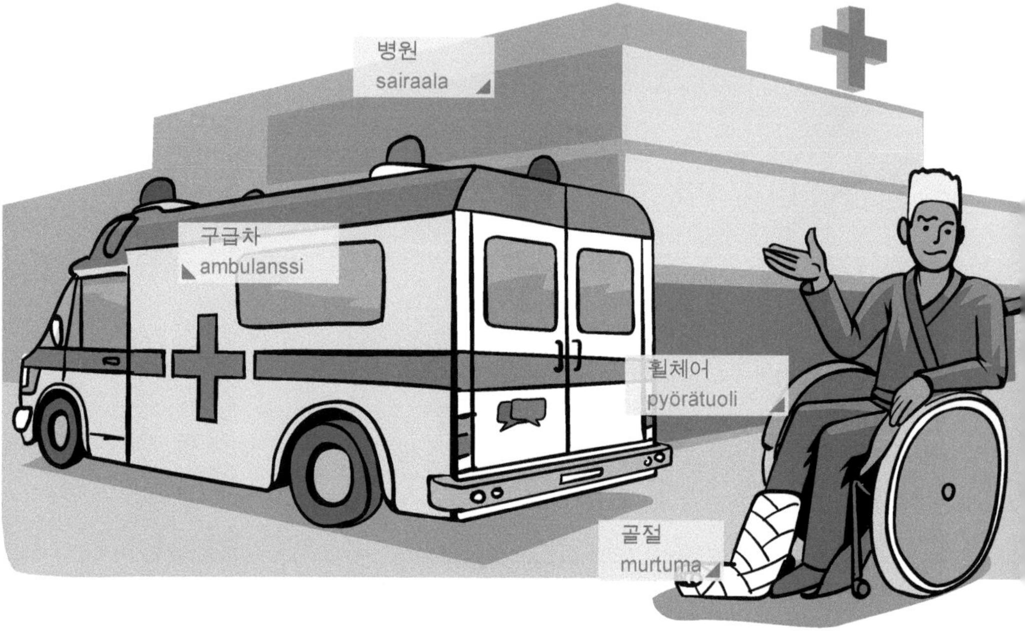

병원
sairaala
구급차
ambulanssi
휠체어
pyörätuoli
골절
murtuma

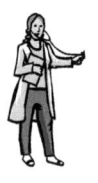

의사

lääkäri

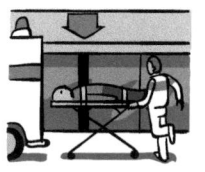

응급실

ensiapu

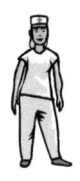

간호사

sairaanhoitaja

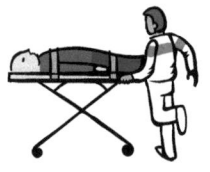

응급상황

hätätilanne

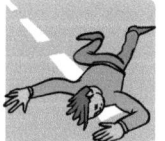

혼수상태

tajuton

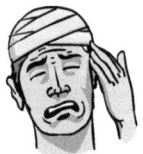

통증

kipu

부상
vamma

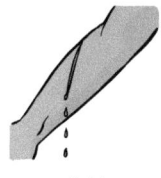

출혈
verenvuoto

심장마비
sydänkohtaus

뇌졸중
aivoinfarkti

알러지
allergia

기침
yskä

열
kuume

독감
flunssa

설사
ripuli

두통
päänsärky

암
syöpä

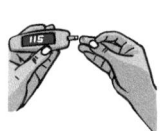

당뇨병
diabetes

외과의
kirurgi

수술용 메스
veitsi

수술
leikkaus

CT
ct

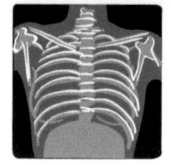

엑스레이
röntgen

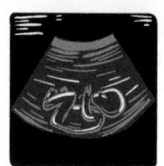

초음파
ultraääni

마스크
maski

질병
sairaus

대기실
odotushuone

목발
sauva

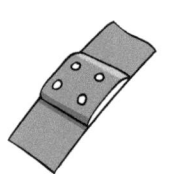

반창고
laastari

붕대
side

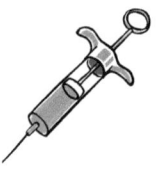

주사
pistos

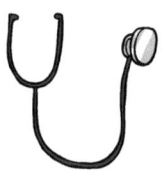

청진기
stetoskooppi

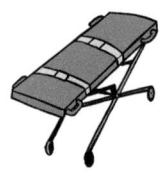

들것
paarit

체온계
kuumemittari

출생
syntymä

과체중
ylipaino

보청기
kuulolaite

소독약
desinfiointiaine

감염
infektio

바이러스
virus

HIV / AIDS
HIV / AIDS

의학
lääke

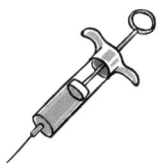

예방접종
rokotus

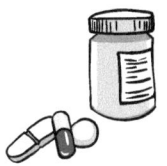

알약
tabletit

알약
pilleri

구급 전화
hätäpuhelu

혈압측정기
verenpainemittari

병든 / 건강한
sairas / terve

도와주세요! Apua!	 경보음 hälytys	 폭행 ryöstö
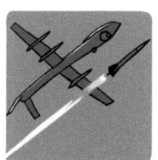 공격 hyökkäys	 위험 vaara	 비상구 hätäuloskäynti
불이야! Tulipalo!	 소화기 palosammutin	 사고 onnettomuus
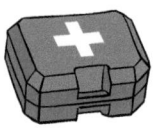 구급 상자 ensiapulaukku	 SOS SOS	 경찰 poliisilaitos

유럽

Eurooppa

북미

Pohjois-Amerikka

남미

Etelä-Amerikka

아프리카

Afrikka

아시아

Aasia

호주

Australia

북극

Atlantin valtameri

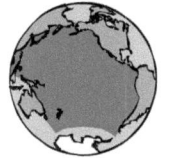

태평양

Tyynimeri

인도양

Intian valtameri

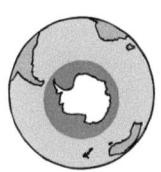

남극해

Eteläinen jäämeri

북극해

Pohjoinen jäämeri

북극해

pohjoisnapa

남극해

etelänapa

남극

Antarktis

지구

maa

육지

maa

바다

meri

섬

saari

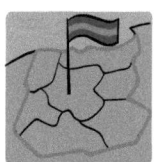

국가

kansa

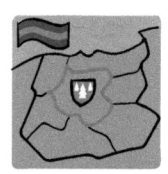

주

osavaltio

시계 문자판

kellotaulu

시침

tuntiviisari

분침

minuuttiviisari

초침

sekuntiviisari

몇 시입니까?

Paljonko kello on?

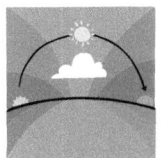

일

päivä

시간

aika

지금

nyt

디지털 시계

digitaalikello

분

minuutti

시간

tunti

월요일
maanantai

MO

W 수요일
keskiviikko

금요일
perjantai

TU

TH
토요일
lauantai

FR

SA

화요일
tiistai

SO

목요일
torstai

일요일
sunnuntai

어제
eilen

오늘
tänään

내일
huomenna

아침
aamu

정오
keskipäivä

저녁
ilta

근로일
työpäivät

주말
viikonloppu

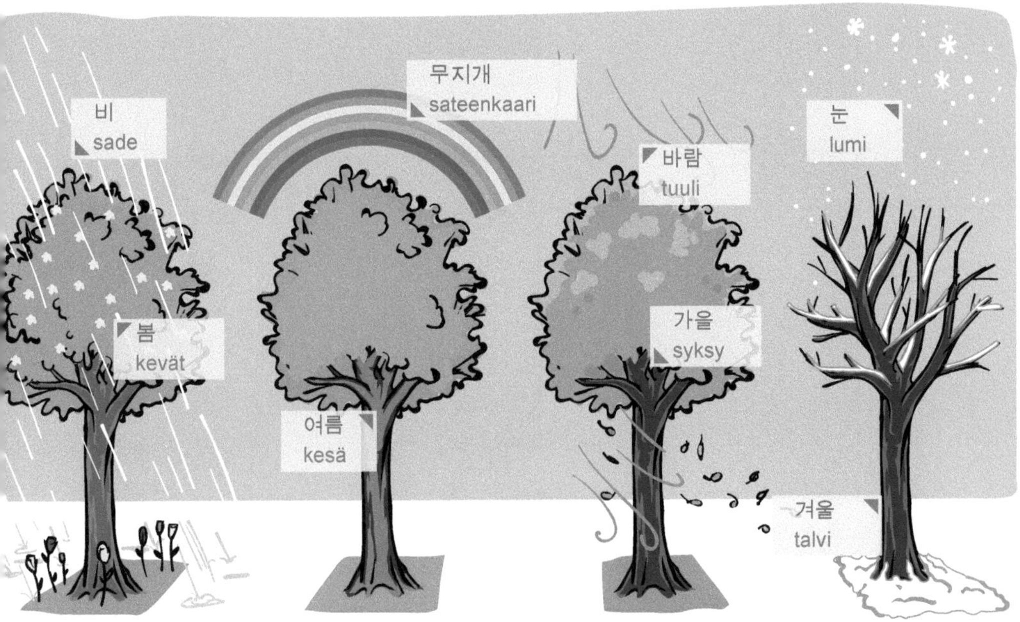

비
sade
무지개
sateenkaari
바람
tuuli
눈
lumi
봄
kevät
여름
kesä
가을
syksy
겨울
talvi

4.APRIL 11°
5.APRIL 4°
6.APRIL 13°
7.APRIL 8°
8.APRIL 10°

날씨 예보
sääennuste

F C
120 40
90 30
60 20
30 10
0 0
-30 -10
-20

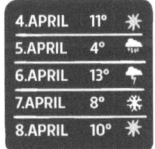

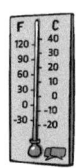

온도계
lämpömittari

햇빛
auringonpaiste

구름
pilvi

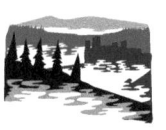

안개
sumu

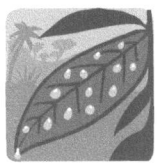

습도
ilmankosteus

번개

salama

천둥

ukkonen

폭풍

myrsky

우박

rae

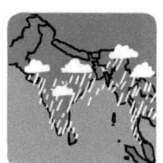

장마

monsuuni

홍수

tulva

얼음

jää

1월

tammikuu

2월

helmikuu

3월

maaliskuu

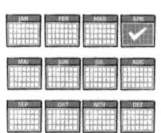

4월

huhtikuu

5월

toukokuu

6월

kesäkuu

7월

heinäkuu

8월

elokuu

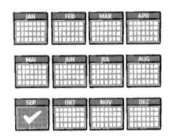

9월
....
syyskuu

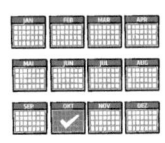

10월
....
lokakuu

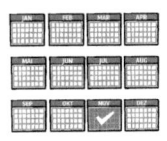

11월
....
marraskuu

12월
....
joulukuu

형태
muodot

원
....
ympyrä

정사각형
....
neliö

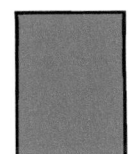

직사각형
....
suorakulmio

삼각형
....
kolmio

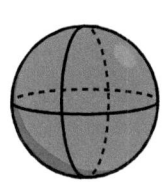

구
....
pallo

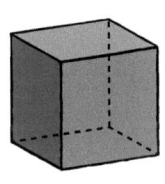

정사면체
....
kuutio

하양

valkoinen

노랑

keltainen

주황

oranssi

분홍

vaaleanpunainen

빨강

punainen

보라

violetti

파랑

sininen

초록

vihreä

갈색

ruskea

회색

harmaa

검정

musta

많은 / 적은

paljon / vähän

화난 / 차분한

vihainen / ystävällinen

아름다운 / 추한

kaunis / ruma

시작 / 끝

alku / loppu

큰 / 작은

suuri / pieni

밝은 / 어두운

vaalea / tumma

형제 / 자매

veli / sisko

깨끗한 / 더러운

puhdas / likainen

완전한 / 불완전한

täydellinen / epätäydellinen

낮 / 밤

päivä / yö

죽은 / 산

kuollut / elävä

넓은 / 좁은

leveä / kapea

삭용의 / 비식용의

syötävä / syömäkelvoton

불친절한 / 친절한

paha / kiltti

흥분된 / 지루한

innostunut / tylsistynyt

뚱뚱한 / 마른

lihava / laiha

처음으로 / 마지막으로

ensimmäinen / viimeinen

친구 / 적

ystävä / vihollinen

꽉 찬 / 텅 빈

täysi / tyhjä

딱딱한 / 부드러운

kova / pehmeä

무거운 / 가벼운

painava / kevyt

배고픔 / 목마름

nälkä / jano

병든 / 건강한

sairas / terve

불법 / 합법

laiton / laillinen

영리한 / 어리석은

älykäs / tyhmä

왼 / 오른

vasen / oikea

가까운 / 먼

lähellä / kaukana

새 / 헌

uusi / käytetty

무 / 유

ei mitään / jotain

늙은 / 젊은

vanha / nuori

온 / 오프

päällä / pois päältä

열린 / 닫힌

auki / kiinni

조용한 / 시끄러운

hiljainen / äänekäs

부유한 / 가난한

rikas / köyhä

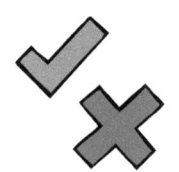

옳은 / 틀린

oikein / väärin

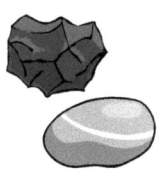

거친 / 매끄러운

karhea / sileä

슬픈 / 기쁜

surullinen / iloinen

짧은 / 긴

lyhyt / pitkä

느린 / 빠른

hidas / nopea

젖은 / 마른

märkä / kuiva

따뜻한 / 시원한

lämmin / viileä

전쟁 / 평화

sota / rauha

0

영

nolla

1

하나

yksi

2

둘

kaksi

3

셋

kolme

4

넷

neljä

5

다섯

viisi

6

여섯

kuusi

7

일곱

seitsemän

8

여덟

kahdeksan

9

아홉

yhdeksän

10

열

kymmenen

11

열하나

yksitoista

12

열둘

kaksitoista

13

열셋

kolmetoista

14

열넷

neljätoista

15

열다섯

viisitoista

16

열여섯

kuusitoista

17

열일곱

seitsemäntoista

18

열여덟

kahdeksantoista

19

열아홉

yhdeksäntoista

20

스물

kaksikymmentä

100

백

sata

1.000

천

tuhat

1.000.000

백만

miljoona

영어

englanti

미국식 영어

amerikanenglanti

중국어 만다린

mandariinikiina

힌두어

hindi

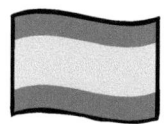

스페인어

espanja

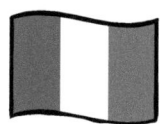

프랑스어

ranska

아랍어

arabia

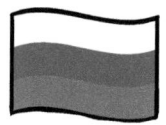

러시아어

venäjä

포르투갈어

portugali

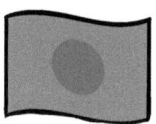

불가리아어

bengali

독일어

saksa

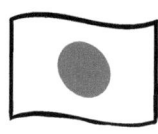

일본어

japani

누가
....
minä

너
....
sinä

그 / 그녀/ 그것

hän

우리
....
me

너희들
....
te

그들

he

누가?
....
kuka?

무엇이?
....
mitä / mikä?

어떻게?
....
miten?

어디서?
....
missä?

언제?
....
milloin?

이름
....
nimi

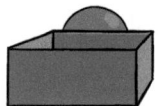

뒤에

takana

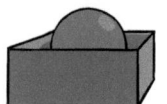

안에

sisällä

앞에

edessä

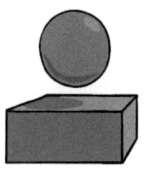

위에

yläpuolella

위에

päällä

아래에

alapuolella

옆에

vieressä

사이에

välissä

장소

paikka